www.ingramcontent.com/pod-product-compliance
Lightning Source LLC
La Vergne TN
LVHW010506160826
845677LV00012B/2684

* 9 7 8 9 7 7 9 9 8 8 5 6 *

بوح من البادية

كتاب	:	بوح من البادية
اسم المؤلف	:	زهرة البلوي
نوع العمل	:	ديوان شعر فصحى
عدد الصفحات	:	56 صفحة
غلاف	:	هبة إبراهيم
إخراج فني	:	مريم محمد سيد
رقم إيداع	:	2024/7395
ترقيم دولي I.S.B.N	:	978-977-998-885-6

نبض القمة للترجمة

جمهورية مصر العربية ـ القاهرة

مدير الدار: أ/ وليد عاطف حسني

موبايل: **01116058384**

الميل: nabdalqima@gmail.com

ديوان فصحى

بوح من البادية

المقدمة

هنا ... ومن عمق البادية .. ولدت ... نشأت وترعرعت ... للتترك البادية بصمتها الأبدية على كلماتي ... وتضفي عليها طابعاً خاصاً... ونكهة متفردة ... ستجدونها واضحة بكل قصائدي ... لكي تبحروا معي في فضاء البادية .... ولتتذوقوا معي معانيها الفريدة ..... وحكمتها النابعة من قلب الاحساس ..... وعميق التجربة....

ودمتم / زهرة البلوي

احـــساس

كل ماذكرته ينولد ....فيني احساس
زودٍ على شد المعاليق......... ضيقة
كبت المشاعر صعب لاصرت حساس
بالحلق عبرة دون بوحه .... تعيقه

الدلـــة

الدلة اللي غالبنٍ بنها بهار
متقلبٍ مع لاهب الفوح فيها
حمرالخيوط تعاقبه وين مادار
وغسالها لون الذهب من يديها
تنعش خفوقٍ داخلي بيح اسرار
والنظم عن بد البشر مصطفيها
من حولها عشاقة الكيف سمار
وعن نارها كلن شفوقٍ عليها
في دار منهو يعرفه كل مرار
وصبة يمينه عانقت من يجيها
وعماسها لا حل بالراس غدار
تخلف توازن عقل منهو يبيها

يشرونها لو حبها غالي اسعار
ولابه حسايف لاحقة مشتريها

الدمــع

مرت بي الذكرى على كل ماكان
وحلت بي الضيقة بتالي نهاري

لا حكمت دنياي مع كل الاركان
ادنيت لي عودٍ وشبيت ناري

ويطيب لي فعله ليا عج دخان
يزهم دموعٍ مع عجاجه تباري

مافادني بوحه ولا فاد كتمان
والقلب من دونه تعله طواري

من غاب زوله باقي فيه سكّان
ولاكان دمعي من عنا الوجد عاري

شتان ما بين الفريقين شتان
دمعٍ حزين وبين دمعٍ تجاري

الضـبـية

ياضبيةٍ كافي على القلب ماجاه
قلبٍ على شوفة حبيبه شفوقي

شوف العيون اللي بها من حلاياه
انعش بقايا حبهم في عروقي

الفــــكر

الفكر مايترك على كيف مشهاه
درب مشاها تسحبه في تسلسل

ولاكل من يلفي على القلب يذراه
ولاكل من غيب عن الروح ينسل

افنيت انا صبري على كل ماجاه
وقلبي على حفة هلاكه توسل

والهم لا ركز على الصدر مقواه
كنه حقودٍ في خبر شين مرسل

اتعبت روحي لاجلهم دون ماواه
لامن شكور و لاعنى الروح يغسل

والیوم لي نفسٍ تهادى مهاداه
نوبن امشيها ونوب اتكسل

الهــــبوب

حظنا عشنا بفكر ماتهيا للهبوب
لو تعبنا ما ينقّص عزمنا قدر انملة

والعجيبة كيف باقي طيب النية رحوب
بالشدايد ماتوانى عن فعول تجمله

بعدنا حلت صنوف منتهاها للغروب
فوق خيبات الهقاوي خذ هروج مقوله

كفة الميزان فيهم راجحة يم الجيوب
تختلف فيهم مبادي والشروح مطوله

ياسقيم الفكر تبقى في مشاعرنا لعوب
غربل الله من تعبّث بالمشاعر غربله

لين حل الصمت فينا واكتفينا بالهروب
والضماير حاربتنا والسبايب هيت له

لو تجمعنا الاماكن لو توحدنا الدروب
القلوب اليوم ماهي بالقلوب الاوله

نوب تلقى لك قلوبٍ مابها ايت عيوب
خلقةٍ من عند ربي. كامله ومكمله

هي بريد الانس فينا تتقن لفنه طروب
في محياها ابتسامة حصنت بالحوقله

ليت تعتقنا الليالي وليتنا مره نتوب
عن شعور يدب فينا له ردود معجله

وليتها عنا توارت مع طواريها القلوب
رافقة باحساس فينا يعنبو جده وهله

لوتجاهلناالمشاعر في خوافينا تجوب
مذهبه روحٍ تعنت مع خفوقٍ يشمله

انعـــــزال

فجأة ومن غير سابق طبعنا عشنا انعزال
بذاتنا حنا اكتفينا   وللا هي حالة توحد

والشعور اللي ملكنا صار مايعطي مجال
في عزوفه مثل عابد مخلص لربه يوحد

بــوح البـــدو

الغيوم اللي يغطي لونها كامل سماي
سمكها له انحناءت سقف بيتٍ من سدو
صوتها سابق ينادي مقبله والخير جاي
للمطر صوتٍ وصوره هيجت بوح البدو

تشـــبهـين

تشبهين البدر في ليلة تمامه

ولا لكِ غيره من اشباه اربعين

يستريح الورد مع نفل وخزامه

طلتك كافي بها الدنيا ..... تزين

جــروح ما تطــيب

ليتنا نقدر نسامح عن جروحٍ ماتطيب
حامله معها مواقف ذنبها لا يغتفر
لو تجاهلنا الملامح بالضماير ماتغيب
طعنة اوجاعٍ وذكرى مالنا عنها مفر
والوجيه اللي تلاقت صبرها سره عجيب
ماتشوف الا وكنا غرب في سكة سفر

جــوي الغــايم

صباحك جوي الغايم
صباحك مبتداه ورود
صباحك مغرم وهايم
وحبٍ مارضى بحدود
و لا هو بحلم للنايم
و لا له ..عد بالمعدود
تعنى لجله السايم
طليق ..... مامعاه قيود
بهذا البيت هو دايم
بشعري كاين و موجود

حـــنين

وش بقى و الشوق فيني من ورا ضلعي شلعته

ماضي اوقات و اماكن .. عشتها ذيك السنين

كان ضنه انه اني ... مع حطام الوقت بعته

مادرى لليوم صدري ... يشتعل فيه الحنين

لليالي ... والاماني ... مع حكاويها زبنته

له رجاوي ..له غناوي في خفوقي مستوين

سل طول البعد خنجر والأمل فيني طعنته

وانبعث من بعد موته ... طالبك عذر سمين

دروس

مرت ليالي ....والليالي بها دروس
وكل ليلة ....عقب ليلة تكشف

فيها حقايق كنها... سم مغروس
وسط الضمير اللي ..ضرا للتقشف

ياصل مراده...لو على غيره يدوس
ولو بالمهانة .... من يديهم يرشف

حنا نوالف من به الطيب مغروس
ولانكهم اللي بلّة...... الريق نشف

راع العـــطايا

دايم على عهدٍ ضرب كف يمناك
ما خالفه لو الخواطر ... تعكّر

يغشاك ليلٍ ما تكدر .. بمشكاك
ويمر ليلي .....بالسهر والتفكّر

ودي امر بداركم يوم ....والقاك
وراع العطايا بالخطايا .....يذكّر

ماغير حبي لك يكفّر ....خطاياك
لو الوصل من دون بابك.. مسكّر

ســـــادة

الله خلقنا ....سلالة قوم

مايهمنا الجاه ..وعتاده

ولا صعدنا ..بحب خشوم

ولانتبع المال ...واسياده

وكل من تفاخر عليه اللوم

لان الفخر باسمنا سادة

لو الليالي...... علينا تحوم

مانخالف العرف والعادة

وقت الشدايد يطيب السوم

والروح... للرب ...منقادة

ووقت الرخى ياعساه يدوم

وسط المجالس ..ورواده

واللي جهلنا .. تجيه علوم

سطواتنا تفزع ... رقادة

سـبع بحـور

قصيدة داخلي قالت غريقة بين سبع بحور
محال يصوغها معنى ...يلملم في قوافيها

وانا غواصة المعنى ... اجيبه راغمٍ مقهور
لاجل عينك خبايا البحر ...للاعيان نبديها

ســــكون اللـــــيل

سكون اليل ...ونجومه .....كفيل بهمنا يسري
عطى للصبح ميعاده.... جروحه ....ما يخليها

بزوغ الفجر ذكرني ....حكاية ساكنه صدري
تلم اشتات من ذكرى......وعيت بدنيتي فيها

تحدك للصبح نغمة .... تردد لحنها جهري
تواصيفه دوا لجروح ....ماغيره يداويها

بريد الشوق لا تقطع ...مراسيل الغلا ...بدري
تفاصيل الفرح .تبدا ..بكلمة منك ....تبديها

انا كلي أمل جيتك.........لعلك تقبل بعذري
خصيمك شوق هديته ..... وهديته يقاضيها

سجين وغاب سجانه... حقيقة كيف ماندري
اسيرة بين قضبانه ....وقضبانه... ...محانيها

عصي الوقت عناني ..نفذ من سطوته صبري
مشيت بدربي وعيني ..عجاج الحزن معميها

تناوبنا رحى الايام ...... و ايام العمر.. تجري
حكاية تدهش الراوي لغيره.. .....قبل يرويها

ضحايا ..عقب ماكنا وراها ،...والوهم يغري
ولا بانت لنا اسراره ....حقايق ..كان مخفيها

سدى نسمع من الاجداد حكمة حلها جذري
وصرنا ابطال في قصه ..لجيل اليوم نحكيها

زمانٍ فات بكانا ..... وكوانا ......كل ماتطري
غرابيله على روحٍ ......ذوت من هم كافيها

طلـــة عــروس

ديرتي لا لبست   الغيم طلتها عروس

فاتنة في حسنها ساحره في وصفها

مع فنون الغطرسة زينها يعطي دروس

مستحقٍ للغرور كل شبر في ارضها

اشهد انه جوها فيه بهجة للنفوس

ياحلا شوف العلا. وياحلاة قبالها

زهرة البلوي

طـــــيرك

اتوه بعالمي وانسى ولو سجيت مع غيرك
احن لوقت يجمعنا وقربك للقلب ...طبه

بها ابسط تفاسيري انا يا صاحبي.. طيرك
ولو طار بسما رحبة محطه كتف من حبه

عــوج المحــانـي

وش اسوي يوم انا .....ربي بلانـي
في محبة شخص ...قلبي مايحبه

ما اجامل في غلاهم .....لو ثوانـي
ما تجي بالكيف و المشكى لربه

لي عزيز ساكنن ...عوج المحانـي
هو دوا للقلب ...   وعلاجه وطبه

ما نسيت الفضل يوم الله عطانـي
وارتجي من لا ظلم .. مثقال حبه

غــــــروك

تدري وش اللي بصمته ظاهرة فيك
يطغى على حس المحبة ...غرورك

قلت الغرور اللي ظلمته .. .. يناديك
بعض المشاعر تلتغي ..في حظورك

قـــطار العـــمر

ياقطار العمر هونك لاتعجل بالمسير
باقي اشياء. بحياتي مابعد يمي لفت
مع طموحٍ و امنياتٍ علّها يومٍ تصير
ضمنها احلام من عهد الصبا ماوقفت
ليت ترجع للورا فينا وعقبه تستدير
ونرجع لذيك الاماكن يوم عنا اختفت
هيئةٍ لاشخاص ضاعو عقبهم كني ضرير
هم شموع لدربي وهبت هبايب وانطفت
و النوافذ ليه خلت بعض اشيائي تطير
عقب ماكانت بيدي طارت لغيري صفت
لو على متنك صعدنا بالجواهر والحرير
افلست فينا الحياة وكانت احلام و غفت

قـــــمر

طفلتي ......اجمل اميرة
سميت باسم ....القمر
تشبه الورد..... وعبيرة
لو بجانبها ...... تمر
سكر محلى ..... بشيرة
وضحكها يسوى.. عمر

كـــاف ونـــون

من تمثل بالمبادي ماتمايل بالغصون
والجذور اليا ترست ماقدرت تشدها

والبذل في غير ارضه لو يهلن المزون
ماقطفنا له ثمار وتحتسب في ضدها

ماسعينا للمكارم فطرة بكاف ونون
ولاتصدينا صعبها غير حنا قدها

ولاحسبنا للجميلة صادرة منا بدون
مانتوانا في عطاها ولا احترينا ردها

من خلا جيبه بيومٍ يلتزمها من يكون
ضاري لمد اليمن ويطرب ليا مدها

جارنا لامن نخانا نفزع لعرضه نصون
معتلينٍ بالمكارم والسوابق عدها

ماقصرنا دون حق ولارضينا بالمهون
ولاتعدينا حقوق ولانقضنا عهدها

وارضنا لاماتثمن دونها كاس المنون
والسهام اللي نوتها بالصدور نصدها

كحــيلان

متعودٍ حصد المراكز كحيلان
في قلب شعبٍ لازهمهم ملبين

له بصمةٍ عمت على كل الاركان
متفردة تكسر خشوم المعادين

لمحـــت

خذني معك في سكتك وين مارحت
لو كانت دروبك.......دروبٍ ..طويلة

ما دام انا في رحلة العمر.. مارتحت
ومادام صبحي منطفي .. مثل ليله

ليتك يوم انك تنوي البعد.. لمحت
وادركت بابٍ ...بيننا ..... مستحيله

وليتك يوم انه اقبل الليل ..سامحت
روحٍ عليكم ....من ضماها... عليلة

وليتك علي بخالص الود ....مابحت
تبقى سراب ... وما لنا فيه.... حيلة

يا قدرة الله بالغلا كيف ....اجتحت
واسقيت قلبٍ ..من عنا الوجد ويله

وياكم تكسر خاطري بس ما طحت
موتٍ بعز ....ولا الحياة .... الذليلة

محــــيلة

كم مشينا في دروبٍ مع لياليها الطويله

يغتشينا الهم فيها فوق ماعدّ بعددها

يستفيض القلب فيها ليل ما عجل رحيله

والعيون اللي بكت من دمعها عافت رقدها

ليتها مرت علينا مع مشاعرها محيلة

مع سقيم افكار لاحلت بنا تشعل وقدها

وان ذكرنا ما عطينا ما بهم ايت جميلة

وان قصرنا يحلفون العين ماشافت سعدها

يهلك المغبون فيها قبل ما يشفي غليله

من وجوه اليا استبدت وسط عباد تعبدها

مواقف خفـيـة

العمر تمضي به مواقف خفية
ونبدي زعلنا لو بعدنا عن الحق

واللي تغاضى عنه.. وبطيب نية
يشري رضانا في جزاته مايلحق

ويرد فعله ...رشدنا عقب غيه
وشلون غاب .وعقلنا ما تلاحق

لاجله فطنا ......للحذر والروية
وللفورة اللي ظلم للحق تمحق

نطـــيحة

بعض القصايد سوقها يطرب الحي
وبعض القصايد ليتها مستريحة
وسط اللسان اللي مثنى و ملوي
واليا نطق متردية ...او نطيحة
ماكل ماخطت به الكف مقري
خالي مشاعر والمعاني طريحة
اما قصيد يقدح زناد مضوي
والا تجنب... والسبايب صريحة

هــــامة

الخطوة اللي مقبله وسط حساد

لا ترخي الهامة وعقلك حسبها

ماينفع ابن ادم كثير الترداد

ولولا التجارب ما قضبنا رسنها

تلفي علينا كاينة دون ميعاد

ولا مقدم الا مرخصٍ في ثمنها

اللي بصدره لاهب العز وقاد

ولاهم عنده كسبها من عدمها

وصية

ان كان عندك عود بالبيت موجود
ياكبر حضك ....دون كل البرية
الخير دايم في محياه معقود
تطرب لسمع حكاه صبح وعشية
كل ما تقدم ....طيب تلقاه مردود
في بر كاين .... مع حياةٍ هنية
للخير سارع ..قبل ماياكل الدود
جسم تعنى ... من حمولٍ حفيه
وليت الليالي ...كلها ياعرب سود
دعوة غلا ....والناس ماهي سويه
النفس فيهم عقبت ظلم وجحود
ولامن رثى للشيب ...... غير البنية
واللي يقصر علّه بذيب فرهود
و لا يعقب الا ..... من قباله اذية
كهل تحوفه ...والبشر كلها رقود
مقضاة دينٍ ..... بالحياة الدنية
ولاتحسبن الدين تقضى له حدود
الدين باقي ..لو وفته المنية

مايخف حملك والليالي بها زود
لازال باقي. من. ديونك بقية
للرحم تبقى بين ناشد ومنشود
والدعوة اللي تاصله مع هدية
***
اثر الليالي مابها خير يا سعود
ان كان نومك طول ليلك مطية
واليا تعدت مابها ركوع وسجود
ابدت حسايف في صداها قوية
من طال عمره يقطع الدرب ويعود
يتبع كلام موكدٍ من نبيه
***

واثر المحبة مالها صك وعهود
هي كيف سيقت ما معانا درية
توخذ وتعطى دونما ايت شهود
قرطاس واطلق والعواصف عتية
واثر القلوب مقلبة مالها قيود
والحب مالك من ثمارة جنية
تتبع هوى للنفس والعهد مفقود

والعقل غايب والمشاعر شقية

***

ولاغاب رزق ورب الارزاق معبود
مردود سعيك في نهارك عطية
واللي. بلاه المال مع حيل مشدود
ولا معطي الايتام لو هو شوية
يحيا. بفقره لو جمع كنز محصود
ولا مهتني بالعيش زاده وميه

***

العمر ولى وما بقى منه ياكود
رحمتك ربي بالحياة البقية
مرت سنين تتبع سنين وعقود
والشيب غادي بالبقايا بلية
واثر العزايم ماضيه مابها جود
ماغير دور لك فتاة اجودية
تسند حمولك لافزع قبلك الذود
والشوف يتبع خطوتك في روية

***

العقل يطغى لو ثلاثين معدود

وتلقى الركاده. باربعينك بدية
واعرف عدوك لابدا منه منقود
ينشر خبايا بين روحة وجيه
وخلك فطينٍ للمنافق و نمرود
من قبل ماتبرم عليك القضيه
تقضي حياتك بين حاسد ومحسود
والنفس عندك من حسدهم برية
اثر القرايب علة القلب ياحمود
والدمع سايل من عروقٍ ندية
الطيب طبع وطيب الساس محمود
واليا رقد مرتاح لا وااا هنية
جته المدايح تتبعه طيب العود
من ورث جده ماسباها سبية
واثر الدعاوي دونها درب مسدود
وللظلم سهمٍ يتبعك حرّ كية
واثر السفاهة ماله طب معهود
بالروس تبقى عن هداها معية
***

واثر السحابة ياخلف صوتها رعود
نادت. مشاعر في ضلوعي خفية

كثر الهواجس يتعب النفس ويقود
هات الرفيحي وعرضةٍ. سامرية

وان كان عندك زايد الهم مركود
قم شب نارك ولم الشاذليه

في جال سيلٍ بارضنا عقب اخدود
وبالخير تضرب بالديار بردية

واهل الشمال اللي ليا سابع جدود
من دون. ارضك ياوطنا. حمية

هذي. وصية ماهي لفرد مقصود
والعذر منكم كان فيها خطية

وعود

كم بنينا من اماني وكم قطعنا من وعود
ماتفرقنا الظروف ولا يغيرنا الدهر
ما رسمنا للسعادة لا قياس ولاحدود
ولاشربنا مر كاس ولابكينا من قهر
وانقضى ذاك الزمان ولابقى غيرالشرود
وغير روحٍ من غشمها عاثيٍ فيها السهر
مادرينا كيف صرنا نسكن بحالة ركود
له فطنا يوم سقنا غالي اثمانه مهر
ظنك انا لو رجعنا للورا خطوة يعود
كيف ماكنا نعيش ونقطف افراحه زهر
يتبع ايامه حنينٍ طالبٍ ذيك العهود
في حضورة ماتوانى كان سرٍ او جهر
في مشاعرنا تشابك لو ركنا للصدود
اقنعة طاحت عيان وجملةالخافي ظهر
كل ضلع يشب فينا لو تصنعنا البرود
من لضاه يغيب عقلٍ مع طواريه انبهر
لين سلمنا يقينٍ تنقضي عقبه عقود

باقيٍ بالجوف حرقه ذاب منها وانصهر
لاهية فينا وتعبث بين صده و الورود
واستفاق العقل علّه بين جنات ونهر
يالطيفٍ في عباده طالبينك ياودود
ترفق بحملٍ علينا ماقوى حمله ظهر

كثير الحكاوي

عن كثيرات الحكاوي نعتزل في زاوية
في احاديث الاوادم مالقينا مصلحة
لو بحثنا في يدينا ذي يدينا خاوية
وان قدحنا في زناده مانحصل مربحه
من يتبع للهروج وكل هرج وراوية
لاضمير ولا مبادي كل همه ينطحه
ماحسب لادنى خساير والخساير كاوية
تلهب كبود العباد افعاله المترنحة
كل صوت لا علا لاتستجيب لعاويه
بالتحاور والمشاور كل حقدٍ تكبحه
ورابحٍ فيها صبورٍ جل همه طاوية
مايراعي للسفايف من عقول مجنحة
وفيهم اللي للسبايب طبها ومداويه
وفيه دوار المصايب خلف منهو يمدحه

وقت السهر

وقت السهر يسحب سواليف وعلوم
فيها بدا ليلي يحارب ....مباتي

وابقى اجاهد شوق عيني على النوم
من شان وقته ......لا يخالف صلاتي

ماينفعك لاحج فيها....... ولاصوم
لوكان وقت الفرض لك ..ما يواتي

تقضي حياتك بين خيباتك وهموم
وتعيش في حسراتها .... للمماتي

والنفس لا ضاقت بها كثر الهموم
ارفع يديك لربك ...... ولا تحاتي

الفهرس